추천사

살아가면서 우리는 알게 모르게 여러 종류의 담을 쌓기도 하고 허물기도 합니다. 모든 인간관계의 기본은 각자의 담을 허무는 데서 시작됨을 저자 특유의 깊은 통찰과 따뜻한 유머로 풀어가는 이 책에는 그냥 지나칠 수 없는 지혜의 구절들이 많습니다. 그림도 특이하고 멋진 이 책을 읽다 보면, 어느새 우리는 자신의 삶을 깊이 성찰하며 이웃에게 사랑으로 열려 있는 철학자가 되어 있을 것입니다. 또한 신神을 갈망하는 영적인 존재로서 뿌리를 찾는 기도자, 겸손한 순례자로서의 기쁨을 맛보게 될 것입니다. _이해인 수녀, 시인

뿌리가 없어 늘 이동해야 하고, 깃털이 없어 늘 춥고 외로운 인간은 두려움 속에서 살아갑니다. '자아'란 말은 손에 창을 들고 서 있는 사람을 떠올리게 합니다. 나를 지키려고 창을 들거나, 타인으로부터의 침해를 막으려 담을 쌓는 게 사람입니다. 담은 우리를 지켜 주기도 하지만 고립을 심화시키기도 합니다. 안전을 위해 쌓아 올린 담이 외로움을 더 크게 만들지요. 그 외로움에 손을 내밀어 주는 분이 계셔 우리는 담을 허물 용기를 냅니다. 담을 허무는 순간 '이슬방울, 무당벌레, 햇빛, 풀잎'이 눈에 들어오고, 다가가야 할 사람들이 보이기 시작합니다. 예수님은 사람들 사이를 가르는 분리의 담을 당신의 몸으로 허무셨습니다. 폭력적 방식이 아니었기에 사람들은 손을 내밀어 서로의 체온을 느끼고, 사랑의 세계로 나아갈 용기를 얻었습니다. 이 놀라운 책은 우리도 그 일부인 분리의 담을 허물자며 슬그머니 우리에게 꽃을 내밉니다. _김기석 청파교회 담임목사

1987년에 처음 만났던《담》의 재출간 소식을 듣는 순간, 마치 오랫동안 만나지 못한 옛 친구와 연락이 닿아 기다릴 때 같은 기분 좋은 설렘이 차올랐습니다. 여러 이유로 상처받고 지쳐서 투명한 '담' 뒤로 숨은 이들에게 감히 이 책을 권합니다.《담》을 읽어 나가는 동안 그 상처들이 자신도 모르게 치유되어 '담' 밖으로 나오는 작은 기적을 경험하길, 그리하여 주님과 다시 손잡고 담대히 신앙의 여정을 이어 나가길 간절히 기원합니다. _유재원 장로회신학대학교 예배설교학 교수

담

내가 만든 나만의 세상

글·그림 **글로리아 제이 에번스** Gloria Jay Evans

삽화가 겸 광고 디자이너로 일하다 30여 년 전에 은퇴했다. 1977년에 처음 발표한 《담》으로 전 세계 독자들에게 큰 사랑을 받고 있다. 시련과 상실의 아픔이 계속되는 인생길에서 다시금 삶을 회복하려 애쓰는 이들에게 작은 도움이 되길 바라는 마음으로 이 책을 썼다. 지혜로운 말과 친절한 행동으로 시의적절하게 자신의 인생에 찾아와 준 사람들과 그들을 통해 위로하고 격려하며 지금까지 인도해 주신 하나님께 감사하며 살고 있다.

옮김 **이은진** 대학과 대학원에서 정치학과 정책학을 공부했다. 출판사 편집자로 일하다 퇴사 후 번역가로 살고 있다. 주로 인문사회 분야 책을 우리말로 옮기는 작업을 하고, 드문드문 기독교 책을 번역하기도 한다. 옮긴 책으로는 《이제는 놓아줄 시간》, 《장 칼뱅의 생애와 사상》, 《그리스도처럼》, 《분별력》, 《공감의 배신》, 《책의 책》 외 다수가 있다.

The Wall: A Parable
by Gloria Jay Evans

ⓒ 1977, 1999, 2017 by Gloria Jay Evans
Originally published in English under the title *The Wall: A Parable*
By Word Inc., Waco, TX, USA.
Current English edition is published by Xulon in 2017.

This Korean edition is translated and used by permission of Gloria Jay Evans
through rMaeng2, Seoul, Republic of Korea.

This Korean Edition Copyright ⓒ 2020 by Viator.

담

the Wall

글로리아 제이 에번스

이은진 옮김

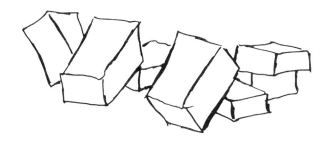

어머니에게

언제 처음 담을 쌓기 시작했는지

기억이 나지 않는다.

아담한 담장을 하나 만들면
사람들이 내 인생에 들어오는 걸 막을 수 있지 않을까,
생각했었다.
담은 일종의 경계이자 보호막이었다.

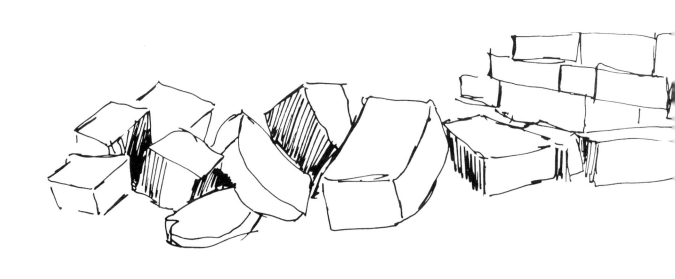

처음에는 무릎 높이밖에 되지 않았다.
내 삶에서 찾은 돌로 만들었는데,
아담한 담장이 꽤 마음에 들었다.

담장이 너무 낮아서
어떤 사람들은 담이 있는지도 모르고 걷다가
발이 걸려 넘어지곤 했다.

또 어떤 사람들은 담장을 보고도,

성큼 담을 넘어 아주 가까이 다가왔다.

불쾌했다.

그래서 담을 더 높게 쌓았다.

그랬더니 한결 나았다.

그런데 곧 사람들이 다가와 담장에 편안하게 팔을 얹고 내게 말을 걸었다.

어떤 이들은 너무 오래 있었고,

어떤 이들은 내 마음에 들지 않았다.
담장 꼭대기에 뾰족한 돌을 박아 두었는데도,
사람들은 눈치채지 못하는 것 같았다.

어느 날,

그중 한 명이 담을 훌쩍 뛰어넘더니 안으로 들어왔다.

너무 화가 났다.

그래서 담을 더 높이 쌓기로 했다.

담을 계속 쌓다 보니,
혼자 할 수 있는 일이 많아졌다.
돌에 문양을 그려 넣었다.
활 모양으로 돌을 쌓아 창을 내고,
창문에 색을 칠해서 빛이 굴절되게 했다.
그러자 안에서도 밖을 볼 수 없었고,
밖에서도 안을 볼 수 없었다.

나는 내 담장이 마음에 쏙 들었다. 그래서 누구에게든 보여 주고 싶었다.
담장을 어떻게 설계하고 돌을 어떻게 쌓았는지 멋지게 설명하고 싶었다.
하지만 잠깐이라도 걸음을 멈추고
먼저 말을 거는 이가 아무도 없었다.

어떤 이들은 나도, 내 담장도 못 본 척 그냥 지나갔다.
어떤 이들은 딱하다는 듯 담을 쌓는 나를 물끄러미 쳐다보았다.
나는 그들이 나를 시기한다고 생각했고,
그래서 그들 모두를 괘씸하게 여겼다.

담을 어떻게 쌓았는지
혼자 열심히 떠들었다.
어느 날 한 남자가
걸음을 멈추고
내 말에 귀를 기울였다.

그 사람은 안에 들어와서 내가 하는 일을 보고 싶어 했다.

나는 사람들이 안에 들어오지 못하게 막는 게

담장의 목적이라고 설명했다.

하지만 그는 내 말을 이해하지 못했고,

이해할 마음도 없어 보였다.

그가 떠나자,

담을 더 높게 쌓았다.

담을 쌓는 데 열중하느라 다른 일을 할 시간이 없었다.
새로운 돌을 찾으려고 내 인생을 샅샅이 뒤졌다.
그러다 내게 있는지도 몰랐던 돌을 찾아냈다.

무엇보다도 디자인이 중요했다.

마음에 드는 모양이 나올 때까지 쌓고 허물고 다시 쌓았다.

어떤 돌은 내게 너무 소중했다.

그래서 하루에도 몇 번씩 정성 들여 닦고 또 닦았다.

그러던 어느 날,
문득 고개를 들어 보니, 담이 너무 높아서
지나가는 사람이 하나도 보이지 않았다.
사람들 목소리도 들리지 않았다.
사위가 고요했다.

거기 아무도 없어요?

대답이 없었다.
담장 안은 어둡고 공기도 탁했다.
혼자 한참을 앉아 있었다.
조용하고 어둡고 쓸쓸했다.
들리는 소리라고는 내 기억 속 속삭임뿐이었다.

내 담장을 못마땅해하던 사람들을 생각했다.

비웃고, 경멸하고, 시기하던 사람들.

어두침침한 곳에 웅크리고 앉아서,

누군가 다가와 담장이 멋지다고 말해 주지 않을까,

귀를 기울였다.

하지만 사방이 어둡고 고요할 뿐이었다.

적요함만 가득했다.

어두운 기억 속에서 헤매며
얼마나 오래 앉아 있었는지 모르겠다.
그런데 어느 날, 내 생각과 달리
담장과 어울리지 않는 돌 하나가 눈에 띄었다.
어처구니없게도 담장이 비뚤어져 있었다.
없어도 될 돌이었다.

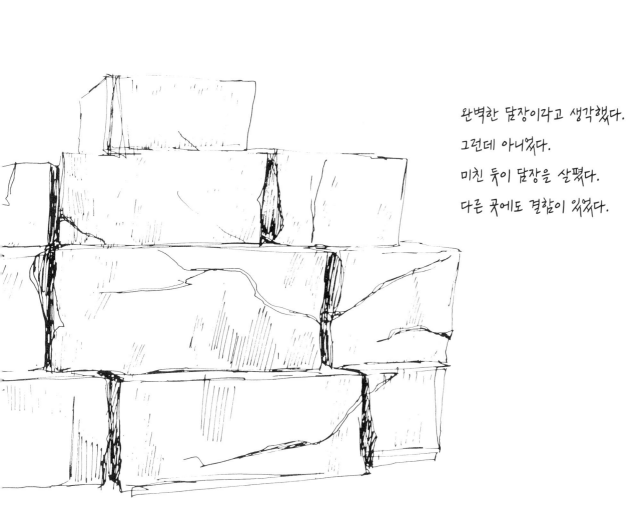

완벽한 담장이라고 생각했다.
그런데 아니었다.
미친 듯이 담장을 살폈다.
다른 곳에도 결함이 있었다.

그렇지 않아도 괴로운데,
담장 밖에서 누군가 소리쳤다.

"어휴, 이 담장, 정말 꼴불견이네.
여기저기 틀어지고 우중충한 게, 잘못 만들었어!"

꽃이 발치에 떨어진 날, 결국 울음을 터트리고 말았다.
누가 던졌는지 보려고 담장으로 달려가 기어올랐다.

꼭대기에 올라 내다보았지만,
아무도 없었다.
꽃이 떨어진 자리로 돌아와
흠 없이 아름다운 꽃을 보며
한참 앉아 있었다.
담장이 터무니없이 높고
결함투성이란 생각이 들었다.

눈물이 왈칵 쏟아져 무릎을 다 적셨다.

너무 외로워.

담이 너무 높아.

결함도 많고 못생겼어.

이게 다 무슨 소용이야.

이제, 내겐 아무것도 안 남았는데.

누구든 제발 나 좀 도와줘,

제발.

그때 신기한 일이 벌어졌다.

아기가 엄마 자궁 안에서 태동하듯,

내 안에서 무언가가 꿈틀거렸다.

망가진 내 세상, 그 적막함 속에서

나는 내가 오롯이 사랑받는 존재임을 깨달았다.

하나님이 찾아오실지 모른다는 생각에 무릎을 꿇었다.

혼자가 아니라는 생각에 눈물이 날 만큼 기뻤다.

그분의 환한 빛이 내 어둠을 뚫고 들어오자,

정말로 기뻐서 눈물이 났다.

그분과 함께하는 기쁨을 만끽하며 며칠을 보냈다.
그분에게서 나온 빛이 담을 따뜻하게 감싸자
더는 춥지도 쓸쓸하지도 않았다.
그분은 담을 쌓는 나를 지켜보셨고,
그게 헛된 일이란 걸 내가 스스로 깨달을 때까지
참을성 있게 기다리셨다.

불현듯, 내 담장이 왜 그렇게 보기 흉한지,
그분은 아시리라는 생각이 들었다.
원인을 묻자, 하나씩 가르쳐 주셨다.
내가 뭘 실수했는지 날마다 가르치시고
담장에 들어간 돌의 이름도 알려 주셨다.
"이 돌의 이름은 시기심이란다. 치워야겠지?"
내키지 않아서 며칠을 버텼다.
유독 마음에 드는 돌이었다.
몇 년 동안 아끼고 아끼며
소중히 간직해 온 돌인데⋯.

이윽고 결심이 서자,
그분은
돌을 치우는 일을 도와주셨다.

어느 날,
더 무거운 돌을 하나 치우자 구멍이 생겼고,
그 구멍으로 손이 하나 쑥 들어왔다.
"잡아요."
머뭇거리다 손을 잡았다.
손의 온기를 느끼며 한참을 서 있었다.
담장 밖에서 손을 내민 그 사람이
내 담장에 창이 나길 기다리고 있었던 건 아닐까.

인간의 위로를 갈망하는 마음이 꿈틀대기 시작했다.

처음에는 담장 안에 그분과 함께 있는 것만으로
충분하다고 생각했다.
그런데 누군가가 내민 손을 꼭 잡은 그 날,
그분이 담을 허물러 오셨다는 사실을 깨달았다.
한편으로는 뛰어나가고도 싶었지만,
또 한편으로는 더럭 겁이 나서
울음이 터졌다.
담 한쪽은 남겨 두면 안 될까?
그분과 함께하는 거로
충분한데.

평생 모은 돌을 하나하나 살펴보았다.

어떤 돌은 아직 담을 이루고 있었다.

어떤 돌은 구석에 가지런히 놓여 있었다.

담을 다시 쌓기로 작정하면, 그럴 수도 있었다.

제발 저 돌들 좀 치워 달라고 애원했지만,

스스로 해 보라고 하셨다.

저 돌들이 나를 또 유혹할 텐데….

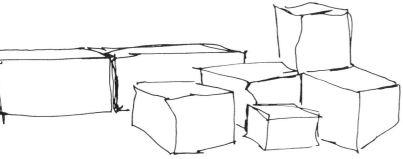

그분이 곁에 없는 것 같던 어느 날,

냅다 뛰어가 아끼던 돌을 집어 들고 다시 담을 쌓으려 했다.

그 순간, 담장 없이 살 만큼 강해지려면,

저기 있는 돌들을 더 알아야 한다는 생각이 들었다.

돌 하나하나의 이름을 알아야 했다.

이름을 알고 나니,

그분을 배신하지 않고는

저 돌들로 다시 담을 쌓을 수는 없다는 걸 깨달았다.

돌을 더 치우자 햇빛이 들어왔고
그분의 빛은 더 환하게 빛났다.
열린 틈으로 밖을 내다보았다.

오랫동안 보지 못했던 것들이 눈에 들어왔다.

이슬방울, 무당벌레, 햇빛, 풀잎.

그분은 내게 이런저런 일을 이야기하시고 선물도 주셨다.

대화를 나눌수록 그분과 더 자주 이야기하고 싶어졌다.

전에 보지 못했던 것을 보고,

전에 듣지 못했던 이야기를 들었다.

어느 날, 앞이 트인 곳에 서 있는데,

한 남자가 멈춰 서더니 말을 걸었다.

그에게 나와 함께하시는 그분에 관해 이야기했다.

그분이 내 삶을 어떻게 바꾸셨는지 들려주었다.

그는 내 말을 이해한다고 했다.

"그런데 당신 말이 사실이라면,

 당신 담장에 원한이라는 돌은 왜 있는 겁니까?

 내 눈에는 그분이 보이지 않네요.

 저 돌은 길을 막고 있고요."

자세히 보니, 내가 가장 아끼는 돌 중 하나가

앞에 있는 담장 한쪽을 거의 다 차지하고 있었다.

맨 처음 놓았던 돌 중 하나였다.

환멸, 치기, 아집, 그 밖에 쩨쩨한 이름의 돌멩이가 모여

큰 돌덩이를 이루고 있었다.

돌덩이를 치우게 도와 달라고 그에게 부탁했다.

하나님이 이 큰 돌덩이를 보셨다고 생각하니 너무 부끄러웠다.

남자는 큰 돌덩이가 끼워진 부분을 헐겁게 만들고, 가던 길을 갔다.

떠나는 그에게 고맙다고 말했다.

혼자서 어떻게 저 돌을 치울 수 있을까.

있는 힘을 다했다. 세게 당기고 또 당겼다. 버둥거리고 또 버둥거렸다.

그런데도 조금 들썩이다 말았다. 결국 낙담해서 주저앉았다.

그 남자가 옳았다. 저 돌을 치우는 게 맞다.

그런데 어떻게 치우지? 나는 너무 약한데 저 돌은 너무 커.

"넌 저 돌을 옮길 수 없단다." 그분이 말씀하셨다.

하지만 해야 해요. 어떤 사람이 그랬어요.

저 돌이 이 담장에 있는 한, 당신이 여기 계신 걸 믿을 수 없다고요.

"저 돌을 정말로 치우고 싶은 거면, 내가 도와주마."

우리는 큰 돌덩이가 작아질 때까지

작은 돌을 하나하나 조금씩 깎아 냈다.

원한이라는 돌을 없앴는데도, 내 인생을 스쳐 지나가는 사람들은
계속 담장 파편에 발이 걸려 비틀거렸다.

그분을 만나고 나서 담을 허문 여자가 있었다.
그 여자가 내 담장 안에 들어와 돌 하나에 걸터앉았다.
나는 그분이 내게 하신 일을 이야기했고,
그 여자는 그분이 자기에게 하신 일을 들려주었다.

이때만 기다린 사람처럼 그동안 얼마나 괴로웠는지 토로했다.
혼자 얼마나 외롭고 쓸쓸했는지, 절대 잊지 못할 거라고 말했다.

"그래요. 자기연민이야말로 가장 끔찍하죠." 그녀가 말했다.
그녀가 떠난 뒤, 담장에서 자기연민이라는 돌을 발견했다.
눈물로 흠뻑 젖어 있었다. 돌을 잘 말린 뒤, 다른 돌 옆에 두었다.

이제 담장은 거의 허물어졌다.
눈에 보이는 세상을 전부 둘러보았다.
나를 향한 그분의 위대한 사랑을 생각했다.
여기까지 잘 왔다는 만족감과 자부심에 취해
안도의 한숨을 내쉬었다.

내가 얼마나 많은 일을 해냈는지 봐.

밖에 있는 저 사람들보다 내가 그분을 훨씬 잘 알아.

저 불쌍한 사람들은 나를 모르는 만큼 그분에 대해서도 잘 몰라.

이렇게 쉬운데, 대체 왜 이해를 못 할까?

하나님이 하신 일과 그분의 가르침에 가슴이 벅차서
돌 위에 올라가 지나가는 사람들에게 목청껏 외쳤다.
하지만 이해하는 사람이 아무도 없는 것 같았다.
담장 안에서 얼마나 암울하고 쓸쓸했는지,
내가 담을 허물도록 그분이 어떻게 도우셨는지,
담을 쌓는 게 얼마나 허무한 짓인지 열변을 토했다.
　　　담을 쌓는 사람들에게 달려가 그만두라고 애원도 해 봤다.
　　　　　하지만 아무도 듣지 않았다.

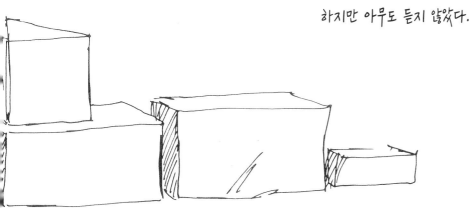

대체 왜 그래?

내 말 안 들려?

이해가 안 돼?

대체 왜 내 말을 안 믿는 건데?

나는 내가 서 있던 돌 위에 엎드렸다.
엄청나게 크고 반짝반짝 윤이 나는 돌이었다.
내 자부심이었던 그 돌은 내 몸집보다 더 컸다.

"정말 답을 알고 싶니?" 그분이 물으셨다.
숨을 크게 내쉬며 그렇다고 했다.
"고개를 들고, 네가 누워 있는 돌을 보렴."

고개를 들고 거대한 돌에 비친 내 모습을 보았다.

숨이 턱 막혔다.

외모와 태도에 대한 자부심이 뿌리를 틀고 있었다.

그 돌의 이름은 교만이었다.

우리는 말없이 그 돌을 치웠다.

이제 내가 서 있는 곳까지 이어진 오솔길과
저 너머 풀밭도 볼 수 있다.
그런데 그분이 이상한 말씀을 하셨다.
"이제 가야 한단다.
내가 너와 함께 갈 거야.
하지만 나는 이곳에도 있을 거란다."
나는 싫다고 했다.
아직 담장이 남아 있잖아요.
치워야 할 돌이 남아 있어요.
그냥 여기 당신과 함께 있을래요.

"내가 너와 함께 가겠다고 했잖니.
저기 담장 어귀 보이지?
기억나니? 네 발치에 떨어졌던 꽃, 네가 꼭 잡았던 손,
네 안에 숨겨 둔 자기연민을 보여 주었던 여자,
네 안에 감춰 둔 원한을 보여 주었던 남자."

"이제 너도 가서 그 사람들처럼 해야지.
받은 게 많으면 갚을 것도 많단다.
네가 어딜 가든 내가 함께 가마.
그리고 혹시라도 네가 유혹을 못 이겨서,
혹은 돌을 더 치우려고 여기로 다시 돌아와도,
언제든 내가 여기 있을 거야."

그렇게 담장 밖으로 나갔다.

얼마 가지 않아 담을 쌓는 사람을 보았다.

이제 막 시작한 모양이었다.

고통과 상처로 표정이 일그러져 있었다.

몹시 흥분해서 씩씩대는 몸짓에 당혹감이 묻어났다.

이해한다고 말하고 싶어서 담에 몸을 기댔다.

그런데 담장 모서리에 날카로운 돌이 박혀 있었다.

모서리에 찔린 순간 섬찟 놀라 뒤로 물러났다.

담장 옆에 서서 상처를 살폈다.

담을 쌓는 그 사람이 꼭 나 같아서 너무 가여웠다.

곧, 담장이 너무 높아져서 그 사람이 보이지 않았다.

담장 안이 얼마나 어둡고 쓸쓸한지 알기에 가슴 한 켠이 아려 왔다.

소리 내 불러도 그 사람은 듣지 못했다.

담장은 믿기 어려울 정도로 보기 흉했다.

손을 뻗어 어루만지다가 담장에 몸을 기댔다.

거기 얼마나 오래 있었는지 모르겠다.

어느 날, 사람들이 쑥덕거리는 소리가 들렸다.

"어휴, 이 담장, 정말 꼴불견이네.

　여기저기 틀어지고 우중충한 게, 잘못 만들었어!"

전에는 담장 안에서 나는 소리를 듣지 못했는데,

참 이상했다.

괴로움에 몸부림치며 흐느껴 우는 소리가 들렸다.

나도 모르게 눈물이 났다.

울면서 간절히 소리쳤다.

제발, 저 사람 좀 도와주세요. 제발요.

가슴이 찢어질 듯 아팠다.
필사적으로 주위를 둘러보았다.
고통을 덜어 줄 선물을 줄 수 있으면 좋을 텐데···.
작은 꽃이라도 있을까 싶어
발치를 내려다보았다.
서둘러 꽃을 하나 뽑아
담장 안으로 던졌다.

그러자 흐느끼는 소리가 그치고,

신기하게 평화가 찾아왔다.

하나님이 그를 찾아가셨음을,

그를 보고 아파하던 마음과 그에게 선물한 꽃이

작게나마 도움이 되었음을 어렴풋이 알 것 같았다.

곧 저 담장에도 구멍이 생길 테고,

그러면 나도 그의 손을 잡아 줄 수 있겠지.

손을 내민 사람이 나라는 걸 그는 모를 테지만,

그런 건 하나도 중요하지 않았다.

나는 이미 모두의 삶과 연결되어 있었다.

하나님을 통해 우리 모두 하나가 될 거야.

이제는 절대 이전과 같을 수 없다는 생각이 들었다.

내가 만든 내 담장으로 돌아왔더니,

그곳에 그분이 계셨다.

우리는 두려움, 불신, 무관심이라는 돌을 함께 치웠다.

"이제야 사랑을 이해하기 시작했구나.

사랑이 없으면, 내가 네게 말한 건 전부 아무 의미가 없단다.

이제 너는 평화와 이해심 속에서 살게 될 거야.

은유함과 다정함을 배우겠지.

하지만 시간이 걸릴 거야.

대신, 내가 너와 늘 함께할 거란다."

나는 밖으로 나가
손을 내밀었다.

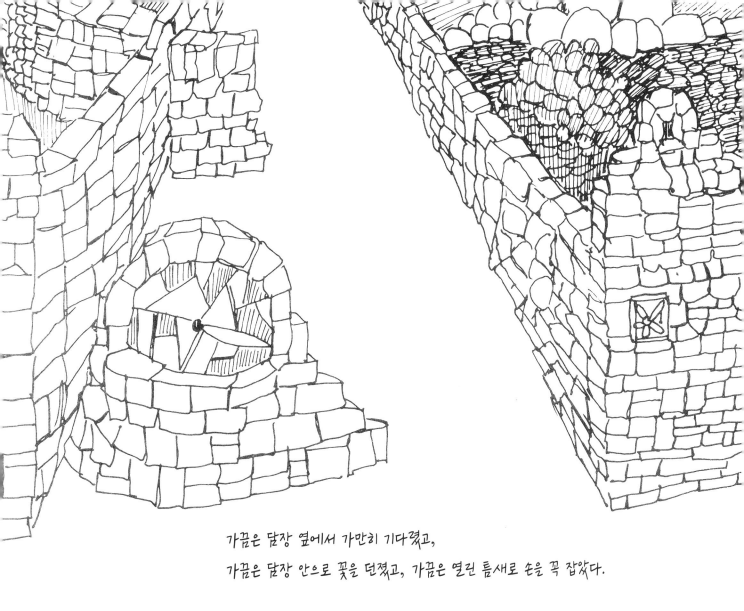

가끔은 담장 옆에서 가만히 기다렸고,

가끔은 담장 안으로 꽃을 던졌고, 가끔은 열린 틈새로 손을 꼭 잡았다.

그러다 내가 만든 담장으로 돌아오는 날도 있었다.
돌무더기를 어루만지고
남은 담장을 살폈다.

가끔은 담을 다시 쌓고 싶은 열망에 휩싸일 때도 있다.

그럴 때 그분과 이야기를 나누면 새 힘이 생긴다.

그 힘으로 또 다른 돌을 치우기도 한다.

신기하게도

꼭 나 같은 사람이 눈에 들어오기 시작했다.

꽃을 든 남자가 보인다.

곧 담장 너머로 꽃을 던지겠지.

담장 옆에 서서 담을 쌓는 사람을

안타깝게 지켜보는 여자도 가끔 만난다.

돌 위에 앉아

담장 주인이 담을 쌓을 때 쓰는

돌의 이름을 설명하는 남자도 있다.

하나님이 그들과 함께하신다는 걸 이제는 안다.

인생길을 지나는 순간마다 사랑이신 그분이 우리 사이를 지나가신다.

사람들 눈에는 평화가, 사람들 마음에는 믿음이 반짝인다.

언젠가는 모두가 담을 허물고 사방을 자유롭게 다닐 날이 오겠지.

우리는 그분의 가족이니까.

한국 독자들에게

1987년까지 제 인생은 풍성하고 행복했답니다. 광고 디자이너로 일하다가 막 은퇴한 참이었죠. 몇 해 전 먼저 은퇴한 남편과 그동안 못했던 여행을 다니며 함께 시간을 보냈어요. 그러다 1994년에 남편이 갑자기 세상을 떠났고, 2년 뒤에는 어머니도 세상을 떠났습니다. 어머니와 함께 살던 텍사스 생활을 정리하고 집에 돌아오니, 출판사에서 편지가 한 통 와 있더군요. 다른 회사와 합병을 진행 중인데, 합병과 함께 절판을 결정한 책 중에 내 책도 끼어 있다더군요. 그렇게 저는 가장 사랑하던 두 사람과 책을 낼 출판사마저 잃었지요.

책을 사고 싶은데, 구할 수 있는지 묻는 전화가 심심찮게 걸려 왔어요. 상담이나 목회에 필요해서 그러는데, 재고가 없다면 복사해서 써도 되는지 묻기도 했죠. 책을 구하려는 사람이 있어도 도움을 줄 수 없으니, 정말 속상했어요. 그래서 책을 다시 출간하기로 마음먹고 직접 출판사를 차렸죠.

어느 날 아침, 주방 식탁에 앉아 몇 부나 인쇄할지 고민하는데, 문득 〈천 개의 혀가 노래하네〉라는 오래된 찬송가가 떠오르지 뭐예요. 즐겨 듣는 찬송가도 아닌데, 왜 하필 그때 생각이 났을까요? 하나님이 인쇄 부수를 알려 주시는 거구나, 싶었지요.

당시는 온라인 서점이 막 문을 열기 시작하던 때였어요. 덕분에 인터넷으로 책을 팔 수 있었죠. 따로 광고도 하지 않는데, 입소문을 타고 독자들이 생겼어요. 마약중독 재활센터와 섭식 장애 재활센터에서도 책을 팔았지요. 에스키모 아동들에게 복음을 전하는 선교회, 교도소 수감자를 관리하거나 건강한 부부생활을 돕는 정부 부처에서도 이 책을 활용한다고 해요.

삶을 회복하려 애쓰는 사람들에게 도움이 된다는 게 가장 기쁩답니다. 어떤 이들에게는 삶이 끝없는 시련과 상실의 연속이란 걸 잘 압니다. 그중에서도 가장 큰 상실은 자기 영혼을 잃는 게 아닐까요. 몇 년 전, 인근에 있는 마약중독 재활센터에서 환자들을 만나 이야기를 나눠 달라는 요청을 받았습니다. 복도를 지나는데 벽에 걸린 커다란 액자가 눈에 들어오더군요. 자세히 보려고 걸음을 멈췄는데, 이상하게 뒤틀린 모양이 보기 흉했어요. 알고 보니, 그곳에서 치료받는 사람들이 이 책을 읽고 각자 자기 담장을 그렸다더군요.

출판사를 차리고 처음 몇 년이 가장 바빴습니다. 소량 주문 여러 건을 처리하는 작업이 대량 주문 한 건을 처리하는 작업보다 시간이 훨씬 많이 걸리는 법이죠. 그래도 사업은 순탄했습니다. 2017년까지 18년 동안 혼자 사업체를 운영했어요. 이제는 다른 누군가에게 일을 넘겨야 할 때라는 생각이 들었죠. 그래서 자비 출판을 진행하는 회사를 선택했습니다.

책을 출간한 지 어느덧 43년이 흘렀네요. 시간이 쏜살처럼 지나간다고들 하는데, 돌이켜 보니 정말 그래요. 달콤했던 기억도 쏠쏠했던 기억도 있지만, 이만하면 꽤 괜찮은 여정이 아니었나 싶습니다. 우리가 어떤 사람이든, 어디에 살든, 누구나 사는 내내 자기 자신을 알아 가고자 몸부림치지요. 어느 날 자기가 누구인지 알 것 같다는 생각이 들 때까지 평생 다시 또다시 자신을 만납니다. 그러고도 알아야 할 게 아직 더 있다는 걸 깨달을 뿐이지만요. 지혜로운 말과 친절한 행동으로 적절한 때 제 삶에 찾아와 준 사람들에게 이 자리를 빌려 고맙다는 말을 전하고 싶어요.

어느 날, 한 한국인 젊은이에게 편지를 받았어요. 대학에 다니던 1987년에 친구에게 이 책을 선물로 받았는데, 깊은 감명을 받아 열 번 넘게 읽었다더군요. 지구 반대편에 사는 젊은이가 미국인 여성이 쓴 글을 읽고 의미를 발견했다는 건 우리에게 공통된 인간성이 있다는 징표가 아닐까요.

2018년에 런던도서전에 참석한 한 한국인 에이전트가 이 책을 우연히 보았던 모양입니다. 빠른 걸음으로 부스를 지나치는데 맨 아래 선반에 익숙한 표지가 눈에 들어왔다네요. 도서전이 끝나자마자 이메일을 한 통 받았어요. 도서전 담당자가 보낸 거였죠. "런던도서전에서 어떤 사람이 제게 이 책을 1980년대에 일반 출판사에서 출간한 적이 있냐고 묻더군요. 전에 일반 출판사에서 출간한 적이 있으세요?" 그렇다고 했더니, 그가 내게 어떤 이의 명함을 보내 줬어요. 나중에 내 에이전트가 되어 한국어판 재출간을 주선해 준 인물인데, 이 책이 한국에 처음 출간된 1987년에 열 번 이상 읽었다고 했던 바로 그 대학생이었어요.

　　하나님은 이렇게 우리 삶에 깊이 관여하세요. 하나님에게는 너무 큰 일도 너무 작은 일도 없지요. 시간과 거리는 방해가 되지 않아요. 이제껏 인도해 주신 하나님께 감사해요. 전혀 기대하지 않은 순간에 우리를 도우러 오시는 그분의 방식에 무한히 감사해요. 하나님은 우리 모습이 가장 보기 흉할 때도 전혀 그렇지 않은 것처럼 우리 곁을 지키는 좋은 친구 같아요.

　　이 책을 한국에서 다시 출간할 수 있게 힘써 준 알맹2 맹호성 이사, 비아토르 김도완 목사, 그리고 이 늙은이의 책을 읽어 준 여러분에게 정말로 고맙다는 말을 전하고 싶어요. 고맙습니다.

2020년 5월에

글로리아 제이 에번스

• 이 책은 1987년, 2000년, 2008년에 한국어로 번역·출간된 바 있습니다.

담 : 내가 만든 나만의 세상

글로리아 제이 에번스 지음   옮김 이은진

2020년 6월 15일 초판 1쇄 발행
2025년 2월 17일 초판 3쇄 발행

펴낸이 김도완   **펴낸곳** 비아토르
등록 제406-2017-000014호(2017년 2월 1일)   **주소** 경기도 파주시 문발로 197 102호 (우편번호 10881)
전화 031-955-3183   **팩스** 031-955-3187
전자우편 viator@homoviator.co.kr

편집 이은진   **디자인** 즐거운생활
제작 제이오   **인쇄** ㈜민언프린텍   **제본** ㈜정문바인텍

ISBN 979-11-88255-56-6 03230   **저작권자** ⓒ 글로리아 제이 에번스, 2020

이 도서의 국립중앙도서관 출판예정도서목록(CIP)은 서지정보유통지원시스템 홈페이지(http://seoji.nl.go.kr)와
공동목록시스템(http://www.nl.go.kr/kolisnet)에서 이용하실 수 있습니다. (CIP 제어번호: CIP2020020410)